한문
법화경 사경 5

은주사

| 묘법연화경 제一권 | 제1 서품 | 9 |
| | 제2 방편품 | 53 |

| 묘법연화경 제二권 | 제3 비유품 | 5 |
| | 제4 신해품 | 77 |

묘법연화경 제三권	제5 약초유품	5
	제6 수기품	24
	제7 화성유품	44

묘법연화경 제四권	제8 오백제자수기품	5
	제9 수학무학인기품	28
	제10 법사품	41
	제11 견보탑품	62
	제12 제바달다품	90
	제13 권지품	107

묘법연화경 제五권	제14 안락행품	5
	제15 종지용출품	40
	제16 여래수량품	68
	제17 분별공덕품	88

묘법연화경 제六권	제18 수희공덕품	5
	제19 법사공덕품	18
	제20 상불경보살품	49
	제21 여래신력품	65
	제22 촉루품	76
	제23 약왕보살본사품	81

묘법연화경 제七권	제24 묘음보살품	5
	제25 관세음보살보문품	25
	제26 다라니품	46
	제27 묘장엄왕본사품	59
	제28 보현보살권발품	76

사경 시작한 날 : 불기　　　　년　　월　　일

＿＿＿＿＿＿＿＿ 두손 모음

妙法蓮華經 卷第五

安樂行品 第十四
안 락 행 품 제 십 사

爾時 文殊師利法王子菩薩
이시 문수사리법왕자보살
摩訶薩 白佛言 世尊 是諸
마하살 백불언 세존 시제
菩薩 甚爲難有 敬順佛故
보살 심위난유 경순불고
發大誓願 於後惡世 護持讀
발대서원 어후악세 호지독
說 是法華經 世尊 菩薩摩
설 시법화경 세존 보살마
訶薩 於後惡世 云何能說是
하살 어후악세 운하능설시
經 佛告文殊師利 若菩薩
경 불고문수사리 약보살

摩訶薩 於後惡世 欲說是
마하살 어후악세 욕설시

經 當安住四法 一者 安住
경 당안주사법 일자 안주

菩薩行處 及親近處 能爲衆
보살행처 급친근처 능위중

生 演說是經 文殊師利 云
생 연설시경 문수사리 운

何名 菩薩摩訶薩行處 若菩
하명 보살마하살행처 약보

薩摩訶薩 住忍辱地 柔和善
살마하살 주인욕지 유화선

順 而不卒暴 心亦不驚 又
순 이부졸폭 심역불경 우

復於法 無所行 而觀諸法
부어법 무소행 이관제법

如實相 亦不行 不分別 是
여실상 역불행 불분별 시

名 菩薩摩訶薩行處 云何名
명 보살마하살행처 운하명

菩薩摩訶薩親近處 菩薩摩
보 살 마 하 살 친 근 처   보 살 마

訶薩 不親近 國王王子 大
하 살   불 친 근   국 왕 왕 자   대

臣官長 不親近 諸外道梵志
신 관 장   불 친 근   제 외 도 범 지

尼揵子等 及造世俗文筆 讚
니 건 자 등   급 조 세 속 문 필   찬

詠外書 及路伽耶陀 逆路伽
영 외 서   급 로 가 야 타   역 로 가

耶陀者 亦不親近 諸有兇戲
야 타 자   역 불 친 근   제 유 흉 희

相扠相撲 及那羅等 種種變
상 차 상 박   급 나 라 등   종 종 변

現之戲 又不親近 旃陀羅
현 지 희   우 불 친 근   전 다 라

及畜猪羊鷄狗 畋獵漁捕 諸
급 축 저 양 계 구   전 렵 어 포   제

惡律儀 如是人等 或時來者
악 율 의   여 시 인 등   혹 시 래 자

則爲說法 無所希望 又不親
즉 위 설 법　무 소 희 망　우 불 친

近 求聲聞 比丘比丘尼 優
근　구 성 문　비 구 비 구 니　우

婆塞優婆夷 亦不問訊 若於
바 새 우 바 이　역 불 문 신　약 어

房中 若經行處 若在講堂中
방 중　약 경 행 처　약 재 강 당 중

不共住止 或時來者 隨宜說
불 공 주 지　혹 시 래 자　수 의 설

法 無所希求 文殊師利 又
법　무 소 희 구　문 수 사 리　우

菩薩摩訶薩 不應於女人身
보 살 마 하 살　불 응 어 여 인 신

取能生欲想相 而爲說法 亦
취 능 생 욕 상 상　이 위 설 법　역

不樂見 若入他家 不與小女
불 락 견　약 입 타 가　불 여 소 녀

處女 寡女等共語 亦復不近
처 녀　과 녀 등 공 어　역 부 불 근

五種不男之人 以爲親厚 不
오 종 불 남 지 인　이 위 친 후　부

獨入他家 若有因緣 須獨入
독 입 타 가　약 유 인 연　수 독 입

時 但一心念佛 若爲女人說
시　단 일 심 염 불　약 위 여 인 설

法 不露齒笑 不現胸臆 乃
법　불 로 치 소　불 현 흉 억　내

至爲法 猶不親厚 況復餘事
지 위 법　유 불 친 후　황 부 여 사

不樂畜年少弟子 沙彌小兒
불 락 축 연 소 제 자　사 미 소 아

亦不樂與同師 常好坐禪 在
역 불 락 여 동 사　상 호 좌 선　재

於閑處 修攝其心 文殊師利
어 한 처　수 섭 기 심　문 수 사 리

是名初親近處 復次 菩薩摩
시 명 초 친 근 처　부 차　보 살 마

訶薩 觀一切法空 如實相
하 살　관 일 체 법 공　여 실 상

不顚倒 不動不退不轉 如虛
부 전 도 부 동 불 퇴 부 전 여 허

空 無所有性 一切語言道斷
공 무 소 유 성 일 체 어 언 도 단

不生不出不起 無名無相 實
불 생 불 출 불 기 무 명 무 상 실

無所有 無量無邊 無礙無障
무 소 유 무 량 무 변 무 애 무 장

但以因緣有 從顚倒生故 說
단 이 인 연 유 종 전 도 생 고 설

常樂觀 如是法相 是名菩薩
상 락 관 여 시 법 상 시 명 보 살

摩訶薩 第二親近處 爾時
마 하 살 제 이 친 근 처 이 시

世尊 欲重宣此義 而說偈言
세 존 욕 중 선 차 의 이 설 게 언

若有菩薩 於後惡世
약 유 보 살 어 후 악 세

無怖畏心 欲說是經
무 포 외 심 욕 설 시 경

應入行處　及親近處
응 입 행 처　급 친 근 처

常離國王　及國王子
상 리 국 왕　급 국 왕 자

大臣官長　兇險戲者
대 신 관 장　흉 험 희 자

及旃陀羅　外道梵志
급 전 다 라　외 도 범 지

亦不親近　增上慢人
역 불 친 근　증 상 만 인

貪著小乘　三藏學者
탐 착 소 승　삼 장 학 자

破戒比丘　名字羅漢
파 계 비 구　명 자 나 한

及比丘尼　好戲笑者
급 비 구 니　호 희 소 자

深著五欲　求現滅度
심 착 오 욕　구 현 멸 도

諸優婆夷　皆勿親近
제 우 바 이　개 물 친 근

若是人等 以好心來
약 시 인 등　이 호 심 래

到菩薩所 爲聞佛道
도 보 살 소　위 문 불 도

菩薩則以 無所畏心
보 살 즉 이　무 소 외 심

不懷希望 而爲說法
불 회 희 망　이 위 설 법

寡女處女 及諸不男
과 녀 처 녀　급 제 불 남

皆勿親近 以爲親厚
개 물 친 근　이 위 친 후

亦莫親近 屠兒魁膾
역 막 친 근　도 아 괴 회

畋獵漁捕 爲利殺害
전 렵 어 포　위 리 살 해

販肉自活 衒賣女色
판 육 자 활　현 매 여 색

如是之人 皆勿親近
여 시 지 인　개 물 친 근

兇險相撲 種種嬉戲
흉 험 상 박　종 종 희 희

諸婬女等 盡勿親近
제 음 녀 등　진 물 친 근

莫獨屏處 爲女說法
막 독 병 처　위 녀 설 법

若說法時 無得戲笑
약 설 법 시　무 득 희 소

入里乞食 將一比丘
입 리 걸 식　장 일 비 구

若無比丘 一心念佛
약 무 비 구　일 심 염 불

是則名爲 行處近處
시 즉 명 위　행 처 근 처

以此二處 能安樂說
이 차 이 처　능 안 락 설

又復不行 上中下法
우 부 불 행　상 중 하 법

有爲無爲 實不實法
유 위 무 위　실 부 실 법

亦不分別 是男是女
역 불 분 별　시 남 시 녀

不得諸法 不知不見
부 득 제 법　부 지 불 견

是則名爲 菩薩行處
시 즉 명 위　보 살 행 처

一切諸法 空無所有
일 체 제 법　공 무 소 유

無有常住 亦無起滅
무 유 상 주　역 무 기 멸

是名智者 所親近處
시 명 지 자　소 친 근 처

顚倒分別 諸法有無
전 도 분 별　제 법 유 무

是實非實 是生非生
시 실 비 실　시 생 비 생

在於閑處 修攝其心
재 어 한 처　수 섭 기 심

安住不動 如須彌山
안 주 부 동　여 수 미 산

觀一切法　皆無所有
관 일 체 법　개 무 소 유

猶如虛空　無有堅固
유 여 허 공　무 유 견 고

不生不出　不動不退
불 생 불 출　부 동 불 퇴

常住一相　是名近處
상 주 일 상　시 명 근 처

若有比丘　於我滅後
약 유 비 구　어 아 멸 후

入是行處　及親近處
입 시 행 처　급 친 근 처

說斯經時　無有怯弱
설 사 경 시　무 유 겁 약

菩薩有時　入於靜室
보 살 유 시　입 어 정 실

以正憶念　隨義觀法
이 정 억 념　수 의 관 법

從禪定起　爲諸國王
종 선 정 기　위 제 국 왕

王子臣民　婆羅門等
왕 자 신 민　바 라 문 등

開化演暢　說斯經典
개 화 연 창　설 사 경 전

其心安隱　無有怯弱
기 심 안 은　무 유 겁 약

文殊師利　是名菩薩
문 수 사 리　시 명 보 살

安住初法　能於後世
안 주 초 법　능 어 후 세

說法華經
설 법 화 경

又文殊師利　如來滅後　於末
우 문 수 사 리　여 래 멸 후　어 말

法中　欲說是經　應住安樂行
법 중　욕 설 시 경　응 주 안 락 행

若口宣說　若讀經時　不樂說
약 구 선 설　약 독 경 시　불 락 설

人　及經典過　亦不輕慢　諸
인　급 경 전 과　역 불 경 만　제

餘法師 不說他人 好惡長短
여법사 불설타인 호악장단

於聲聞人 亦不稱名 說其過
어성문인 역불칭명 설기과

惡 亦不稱名 讚歎其美 又
악 역불칭명 찬탄기미 우

亦不生 怨嫌之心 善修如是
역불생 원혐지심 선수여시

安樂心故 諸有聽者 不逆其
안락심고 제유청자 불역기

意 有所難問 不以小乘法答
의 유소난문 불이소승법답

但以大乘 而爲解說 令得一
단이대승 이위해설 영득일

切種智 爾時 世尊 欲重宣
체종지 이시 세존 욕중선

此義 而說偈言
차의 이설게언

菩薩常樂 安隱說法
보살상락 안은설법

於淸淨地　而施床座
어 청 정 지　이 시 상 좌

以油塗身　澡浴塵穢
이 유 도 신　조 욕 진 예

著新淨衣　內外俱淨
착 신 정 의　내 외 구 정

安處法座　隨問爲說
안 처 법 좌　수 문 위 설

若有比丘　及比丘尼
약 유 비 구　급 비 구 니

諸優婆塞　及優婆夷
제 우 바 새　급 우 바 이

國王王子　群臣士民
국 왕 왕 자　군 신 사 민

以微妙義　和顔爲說
이 미 묘 의　화 안 위 설

若有難問　隨義而答
약 유 난 문　수 의 이 답

因緣譬喩　敷演分別
인 연 비 유　부 연 분 별

| 以是方便 | 皆使發心 |
| 이 시 방 편 | 개 사 발 심 |

| 漸漸增益 | 入於佛道 |
| 점 점 증 익 | 입 어 불 도 |

| 除懶惰意 | 及懈怠想 |
| 제 나 타 의 | 급 해 태 상 |

| 離諸憂惱 | 慈心說法 |
| 이 제 우 뇌 | 자 심 설 법 |

| 晝夜常說 | 無上道敎 |
| 주 야 상 설 | 무 상 도 교 |

| 以諸因緣 | 無量譬喩 |
| 이 제 인 연 | 무 량 비 유 |

| 開示衆生 | 咸令歡喜 |
| 개 시 중 생 | 함 령 환 희 |

| 衣服臥具 | 飮食醫藥 |
| 의 복 와 구 | 음 식 의 약 |

| 而於其中 | 無所希望 |
| 이 어 기 중 | 무 소 희 망 |

| 但一心念 | 說法因緣 |
| 단 일 심 념 | 설 법 인 연 |

願成佛道 令衆亦爾
원 성 불 도　영 중 역 이

是則大利 安樂供養
시 즉 대 리　안 락 공 양

我滅度後 若有比丘
아 멸 도 후　약 유 비 구

能演說斯 妙法華經
능 연 설 사　묘 법 화 경

心無嫉恚 諸惱障礙
심 무 질 에　제 뇌 장 애

亦無憂愁 及罵詈者
역 무 우 수　급 매 리 자

又無怖畏 加刀杖等
우 무 포 외　가 도 장 등

亦無擯出 安住忍故
역 무 빈 출　안 주 인 고

智者如是 善修其心
지 자 여 시　선 수 기 심

能住安樂 如我上說
능 주 안 락　여 아 상 설

其人功德 千萬億劫
기 인 공 덕　천 만 억 겁

算數譬喻 說不能盡
산 수 비 유　설 불 능 진

又文殊師利菩薩摩訶薩 於
우 문 수 사 리 보 살 마 하 살　어

後末世 法欲滅時 受持讀誦
후 말 세　법 욕 멸 시　수 지 독 송

斯經典者 無懷嫉妬 諂誑之
사 경 전 자　무 회 질 투　첨 광 지

心 亦勿輕罵 學佛道者 求
심　역 물 경 매　학 불 도 자　구

其長短 若比丘比丘尼 優婆
기 장 단　약 비 구 비 구 니　우 바

塞優婆夷 求聲聞者 求辟支
새 우 바 이　구 성 문 자　구 벽 지

佛者 求菩薩道者 無得惱之
불 자　구 보 살 도 자　무 득 뇌 지

令其疑悔 語其人言 汝等
영 기 의 회　어 기 인 언　여 등

去道甚遠 終不能得 一切種
거 도 심 원　종 불 능 득　일 체 종

智 所以者何 汝是放逸之人
지　소 이 자 하　여 시 방 일 지 인

於道懈怠故 又亦不應 戲論
어 도 해 태 고　우 역 불 응　희 론

諸法 有所諍競 當於一切衆
제 법　유 소 쟁 경　당 어 일 체 중

生 起大悲想 於諸如來 起
생　기 대 비 상　어 제 여 래　기

慈父想 於諸菩薩 起大師想
자 부 상　어 제 보 살　기 대 사 상

於十方諸大菩薩 常應深心
어 시 방 제 대 보 살　상 응 심 심

恭敬禮拜 於一切衆生 平等
공 경 예 배　어 일 체 중 생　평 등

說法 以順法故 不多不少
설 법　이 순 법 고　부 다 불 소

乃至深愛法者 亦不爲多說
내 지 심 애 법 자　역 불 위 다 설

文殊師利 是菩薩摩訶薩 於
문 수 사 리 시 보 살 마 하 살 어

後末世 法欲滅時 有成就是
후 말 세 법 욕 멸 시 유 성 취 시

第三安樂行者 說是法時 無
제 삼 안 락 행 자 설 시 법 시 무

能惱亂 得好同學 共讀誦是
능 뇌 란 득 호 동 학 공 독 송 시

經 亦得大衆 而來聽受 聽
경 역 득 대 중 이 래 청 수 청

已能持 持已能誦 誦已能說
이 능 지 지 이 능 송 송 이 능 설

說已能書 若使人書 供養經
설 이 능 서 약 사 인 서 공 양 경

卷 恭敬尊重讚歎 爾時 世
권 공 경 존 중 찬 탄 이 시 세

尊 欲重宣此義 而說偈言
존 욕 중 선 차 의 이 설 게 언

若欲說是經 當捨嫉恚慢
약 욕 설 시 경 당 사 질 에 만

諂誑邪僞心　常修質直行
첨　광　사　위　심　　상　수　질　직　행

不輕蔑於人　亦不戲論法
불　경　멸　어　인　　역　불　희　론　법

不令他疑悔　云汝不得佛
불　령　타　의　회　　운　여　부　득　불

是佛子說法　常柔和能忍
시　불　자　설　법　　상　유　화　능　인

慈悲於一切　不生懈怠心
자　비　어　일　체　　불　생　해　태　심

十方大菩薩　愍衆故行道
시　방　대　보　살　　민　중　고　행　도

應生恭敬心　是則我大師
응　생　공　경　심　　시　즉　아　대　사

於諸佛世尊　生無上父想
어　제　불　세　존　　생　무　상　부　상

破於憍慢心　說法無障礙
파　어　교　만　심　　설　법　무　장　애

第三法如是　智者應守護
제　삼　법　여　시　　지　자　응　수　호

一心安樂行　無量衆所敬
일 심 안 락 행　무 량 중 소 경

又文殊師利　菩薩摩訶薩　於
우 문 수 사 리　보 살 마 하 살　어

後末世　法欲滅時　有持是法
후 말 세　법 욕 멸 시　유 지 시 법

華經者　於在家出家人中　生
화 경 자　어 재 가 출 가 인 중　생

大慈心　於非菩薩人中　生
대 자 심　어 비 보 살 인 중　생

大悲心　應作是念　如是之
대 비 심　응 작 시 념　여 시 지

人　則爲大失　如來方便　隨
인　즉 위 대 실　여 래 방 편　수

宜說法　不聞不知　不覺不問
의 설 법　불 문 부 지　불 각 불 문

不信不解　其人　雖不問　不
불 신 불 해　기 인　수 불 문　불

信　不解是經　我得阿耨多羅
신　불 해 시 경　아 득 아 뇩 다 라

三藐三菩提時 隨在何地 以
삼 먁 삼 보 리 시 수 재 하 지 이

神通力 智慧力引之 令得住
신 통 력 지 혜 력 인 지 영 득 주

是法中 文殊師利 是菩薩摩
시 법 중 문 수 사 리 시 보 살 마

訶薩 於如來滅後 有成就此
하 살 어 여 래 멸 후 유 성 취 차

第四法者 說是法時 無有過
제 사 법 자 설 시 법 시 무 유 과

失 常爲比丘比丘尼 優婆塞
실 상 위 비 구 비 구 니 우 바 새

優婆夷 國王王子 大臣人民
우 바 이 국 왕 왕 자 대 신 인 민

婆羅門居士等 供養恭敬 尊
바 라 문 거 사 등 공 양 공 경 존

重讚歎 虛空諸天 爲聽法故
중 찬 탄 허 공 제 천 위 청 법 고

亦常隨侍 若在聚落城邑 空
역 상 수 시 약 재 취 락 성 읍 공

閑林中 有人來 欲難問者
한 림 중 유 인 래 욕 난 문 자

諸天晝夜 常爲法故 而衛護
제 천 주 야 상 위 법 고 이 위 호

之 能令聽者 皆得歡喜 所
지 능 령 청 자 개 득 환 희 소

以者何 此經 是一切 過去
이 자 하 차 경 시 일 체 과 거

未來現在諸佛 神力所護故
미 래 현 재 제 불 신 력 소 호 고

文殊師利 是法華經 於無
문 수 사 리 시 법 화 경 어 무

量國中 乃至名字 不可得聞
량 국 중 내 지 명 자 불 가 득 문

何況得見 受持讀誦 文殊師
하 황 득 견 수 지 독 송 문 수 사

利 譬如強力 轉輪聖王 欲
리 비 여 강 력 전 륜 성 왕 욕

以威勢 降伏諸國 而諸小王
이 위 세 항 복 제 국 이 제 소 왕

不順其命 時轉輪王 起種種
불 순 기 명 시 전 륜 왕 기 종 종

兵 而往討伐 王見兵衆 戰
병 이 왕 토 벌 왕 견 병 중 전

有功者 卽大歡喜 隨功賞賜
유 공 자 즉 대 환 희 수 공 상 사

或與田宅 聚落城邑 或與衣
혹 여 전 택 취 락 성 읍 혹 여 의

服 嚴身之具 或與種種珍寶
복 엄 신 지 구 혹 여 종 종 진 보

金銀琉璃 硨磲瑪瑙 珊瑚琥
금 은 유 리 자 거 마 노 산 호 호

珀 象馬車乘 奴婢人民 唯
박 상 마 거 승 노 비 인 민 유

髻中明珠 不以與之 所以者
계 중 명 주 불 이 여 지 소 이 자

何 獨王頂上 有此一珠 若
하 독 왕 정 상 유 차 일 주 약

以與之 王諸眷屬 必大驚怪
이 여 지 왕 제 권 속 필 대 경 괴

文殊師利 如來亦復如是 以
문 수 사 리 여 래 역 부 여 시 이

禪定智慧力 得法國土 王於
선 정 지 혜 력 득 법 국 토 왕 어

三界 而諸魔王 不肯順伏
삼 계 이 제 마 왕 불 긍 순 복

如來賢聖諸將 與之共戰 其
여 래 현 성 제 장 여 지 공 전 기

有功者 心亦歡喜 於四眾中
유 공 자 심 역 환 희 어 사 중 중

爲說諸經 令其心悅 賜以禪
위 설 제 경 영 기 심 열 사 이 선

定解脫 無漏根力 諸法之財
정 해 탈 무 루 근 력 제 법 지 재

又復賜與 涅槃之城 言得滅
우 부 사 여 열 반 지 성 언 득 멸

度 引導其心 令皆歡喜 而
도 인 도 기 심 영 개 환 희 이

不爲說 是法華經 文殊師利
불 위 설 시 법 화 경 문 수 사 리

如轉輪王　見諸兵衆　有大功
여전륜왕　견제병중　유대공

者　心甚歡喜　以此難信之珠
자　심심환희　이차난신지주

久在髻中　不妄與人　而今與
구재계중　불망여인　이금여

之　如來　亦復如是　於三界
지　여래　역부여시　어삼계

中　爲大法王　以法敎化　一
중　위대법왕　이법교화　일

切衆生　見賢聖軍　與五陰魔
체중생　견현성군　여오음마

煩惱魔　死魔共戰　有大功勳
번뇌마　사마공전　유대공훈

滅三毒　出三界　破魔網　爾
멸삼독　출삼계　파마망　이

時　如來　亦大歡喜　此法華
시　여래　역대환희　차법화

經　能令衆生　至一切智　一
경　능령중생　지일체지　일

切世間　多怨難信　先所未說
체세간　다원난신　선소미설

而今說之　文殊師利　此法華
이금설지　문수사리　차법화

經　是諸如來　第一之說　於
경　시제여래　제일지설　어

諸說中　最爲甚深　末後賜與
제설중　최위심심　말후사여

如彼强力之王　久護明珠　今
여피강력지왕　구호명주　금

乃與之　文殊師利　此法華經
내여지　문수사리　차법화경

諸佛如來　秘密之藏　於諸經
제불여래　비밀지장　어제경

中　最在其上　長夜守護　不
중　최재기상　장야수호　불

妄宣說　始於今日　乃與汝等
망선설　시어금일　내여여등

而敷演之　爾時　世尊　欲重
이부연지　이시　세존　욕중

宣此義 而說偈言
선 차 의 이 설 게 언

常行忍辱 哀愍一切
상 행 인 욕 애 민 일 체

乃能演說 佛所讚經
내 능 연 설 불 소 찬 경

後末世時 持此經者
후 말 세 시 지 차 경 자

於家出家 及非菩薩
어 가 출 가 급 비 보 살

應生慈悲 斯等不聞
응 생 자 비 사 등 불 문

不信是經 則爲大失
불 신 시 경 즉 위 대 실

我得佛道 以諸方便
아 득 불 도 이 제 방 편

爲說此法 令住其中
위 설 차 법 영 주 기 중

譬如強力 轉輪之王
비 여 강 력 전 륜 지 왕

兵戰有功 賞賜諸物
병 전 유 공　상 사 제 물

象馬車乘 嚴身之具
상 마 거 승　엄 신 지 구

及諸田宅 聚落城邑
급 제 전 택　취 락 성 읍

或與衣服 種種珍寶
혹 여 의 복　종 종 진 보

奴婢財物 歡喜賜與
노 비 재 물　환 희 사 여

如有勇健 能爲難事
여 유 용 건　능 위 난 사

王解髻中 明珠賜之
왕 해 계 중　명 주 사 지

如來亦爾 爲諸法王
여 래 역 이　위 제 법 왕

忍辱大力 智慧寶藏
인 욕 대 력　지 혜 보 장

以大慈悲 如法化世
이 대 자 비　여 법 화 세

見一切人　受諸苦惱
견 일 체 인　수 제 고 뇌

欲求解脫　與諸魔戰
욕 구 해 탈　여 제 마 전

爲是衆生　說種種法
위 시 중 생　설 종 종 법

以大方便　說此諸經
이 대 방 편　설 차 제 경

旣知衆生　得其力已
기 지 중 생　득 기 력 이

末後乃爲　說是法華
말 후 내 위　설 시 법 화

如王解髻　明珠與之
여 왕 해 계　명 주 여 지

此經爲尊　衆經中上
차 경 위 존　중 경 중 상

我常守護　不妄開示
아 상 수 호　불 망 개 시

今正是時　爲汝等說
금 정 시 시　위 여 등 설

我滅度後　求佛道者
아 멸 도 후　구 불 도 자

欲得安隱　演說斯經
욕 득 안 은　연 설 사 경

應當親近　如是四法
응 당 친 근　여 시 사 법

讀是經者　常無憂惱
독 시 경 자　상 무 우 뇌

又無病痛　顏色鮮白
우 무 병 통　안 색 선 백

不生貧窮　卑賤醜陋
불 생 빈 궁　비 천 추 루

眾生樂見　如慕賢聖
중 생 요 견　여 모 현 성

天諸童子　以爲給使
천 제 동 자　이 위 급 사

刀杖不加　毒不能害
도 장 불 가　독 불 능 해

若人惡罵　口則閉塞
약 인 악 매　구 즉 폐 색

遊行無畏 如師子王
유 행 무 외 여 사 자 왕

智慧光明 如日之照
지 혜 광 명 여 일 지 조

若於夢中 但見妙事
약 어 몽 중 단 견 묘 사

見諸如來 坐師子座
견 제 여 래 좌 사 자 좌

諸比丘衆 圍繞說法
제 비 구 중 위 요 설 법

又見龍神 阿修羅等
우 견 용 신 아 수 라 등

數如恒沙 恭敬合掌
수 여 항 사 공 경 합 장

自見其身 而爲說法
자 견 기 신 이 위 설 법

又見諸佛 身相金色
우 견 제 불 신 상 금 색

放無量光 照於一切
방 무 량 광 조 어 일 체

以梵音聲 演說諸法
이 범 음 성 연 설 제 법

佛爲四衆 說無上法
불 위 사 중 설 무 상 법

見身處中 合掌讚佛
견 신 처 중 합 장 찬 불

聞法歡喜 而爲供養
문 법 환 희 이 위 공 양

得陀羅尼 證不退智
득 다 라 니 증 불 퇴 지

佛知其心 深入佛道
불 지 기 심 심 입 불 도

即爲授記 成最正覺
즉 위 수 기 성 최 정 각

汝善男子 當於來世
여 선 남 자 당 어 내 세

得無量智 佛之大道
득 무 량 지 불 지 대 도

國土嚴淨 廣大無比
국 토 엄 정 광 대 무 비

亦有四衆 合掌聽法
역 유 사 중 　 합 장 청 법

又見自身 在山林中
우 견 자 신 　 재 산 림 중

修習善法 證諸實相
수 습 선 법 　 증 제 실 상

深入禪定 見十方佛
심 입 선 정 　 견 시 방 불

諸佛身金色 百福相莊嚴
제 불 신 금 색 　 백 복 상 장 엄

聞法爲人說 常有是好夢
문 법 위 인 설 　 상 유 시 호 몽

又夢作國王 捨宮殿眷屬
우 몽 작 국 왕 　 사 궁 전 권 속

及上妙五欲 行詣於道場
급 상 묘 오 욕 　 행 예 어 도 량

在菩提樹下 而處師子座
재 보 리 수 하 　 이 처 사 자 좌

求道過七日 得諸佛之智
구 도 과 칠 일 　 득 제 불 지 지

成無上道已 起而轉法輪
성 무 상 도 이 　 기 이 전 법 륜

爲四衆說法 經千萬億劫
위 사 중 설 법 　 경 천 만 억 겁

說無漏妙法 度無量衆生
설 무 루 묘 법 　 도 무 량 중 생

後當入涅槃 如烟盡燈滅
후 당 입 열 반 　 여 연 진 등 멸

若後惡世中 說是第一法
약 후 악 세 중 　 설 시 제 일 법

是人得大利 如上諸功德
시 인 득 대 리 　 여 상 제 공 덕

從地涌出品 第十五
종지용출품 제십오

爾時 他方國土 諸來菩薩摩訶薩 過八恒河沙數 於大衆中起立 合掌作禮 而白佛言 世尊 若聽我等 於佛滅後 在此娑婆世界 勤加精進 護持讀誦 書寫供養 是經典者 當於此土 而廣說

이시 타방국토 제래보살마하살 과팔항하사수 어대중 중기립 합장작례 이백불언 세존 약청아등 어불멸후 재차사바세계 근가정진 호지독송 서사공양 시 경전자 당어차토 이광설

之 爾時 佛告諸菩薩摩訶薩
지 이 시 불 고 제 보 살 마 하 살

衆 止善男子 不須汝等 護
중 지 선 남 자 불 수 여 등 호

持此經 所以者何 我娑婆世
지 차 경 소 이 자 하 아 사 바 세

界 自有六萬恒河沙等 菩薩
계 자 유 육 만 항 하 사 등 보 살

摩訶薩 一一菩薩 各有六萬
마 하 살 일 일 보 살 각 유 육 만

恒河沙眷屬 是諸人等 能於
항 하 사 권 속 시 제 인 등 능 어

我滅後 護持讀誦 廣說此經
아 멸 후 호 지 독 송 광 설 차 경

佛說是時 娑婆世界 三千大
불 설 시 시 사 바 세 계 삼 천 대

千國土 地皆震裂 而於其
천 국 토 지 개 진 열 이 어 기

中 有無量千萬億 菩薩摩訶
중 유 무 량 천 만 억 보 살 마 하

薩 同時涌出 是諸菩薩 身
살 동시용출 시제보살 신

皆金色 三十二相 無量光明
개금색 삼십이상 무량광명

先盡在此 娑婆世界之下 此
선진재차 사바세계지하 차

界虛空中住 是諸菩薩 聞釋
계허공중주 시제보살 문석

迦牟尼佛 所說音聲 從下發
가모니불 소설음성 종하발

來 一一菩薩 皆是大衆唱導
래 일일보살 개시대중창도

之首 各將六萬 恒河沙眷屬
지수 각장육만 항하사권속

況將五萬 四萬 三萬 二萬
황장오만 사만 삼만 이만

一萬 恒河沙等 眷屬者 況
일만 항하사등 권속자 황

復乃至 一恒河沙 半恒河沙
부내지 일항하사 반항하사

四分之一 乃至千萬億 那由
사 분 지 일　내 지 천 만 억　나 유

他分之一 況復千萬億 那由
타 분 지 일　황 부 천 만 억　나 유

他眷屬 況復億萬眷屬 況復
타 권 속　황 부 억 만 권 속　황 부

千萬 百萬 乃至一萬 況復
천 만　백 만　내 지 일 만　황 부

一千 一百 乃至一十 況復
일 천　일 백　내 지 일 십　황 부

將 五四三二一 弟子者 況
장　오 사 삼 이 일　제 자 자　황

復單己 樂遠離行 如是等比
부 단 기　낙 원 리 행　여 시 등 비

無量無邊 算數譬喩 所不能
무 량 무 변　산 수 비 유　소 불 능

知 是諸菩薩 從地出已 各
지　시 제 보 살　종 지 출 이　각

詣虛空 七寶妙塔 多寶如來
예 허 공　칠 보 묘 탑　다 보 여 래

제15 종지용출품 43

釋迦牟尼佛所 到已 向二世
석 가 모 니 불 소　도 이　향 이 세

尊 頭面禮足 及至諸寶樹下
존　두 면 예 족　급 지 제 보 수 하

師子座上佛所 亦皆作禮 右
사 자 좌 상 불 소　역 개 작 례　우

繞三匝 合掌恭敬 以諸菩薩
요 삼 잡　합 장 공 경　이 제 보 살

種種讚法 而以讚歎 住在一
종 종 찬 법　이 이 찬 탄　주 재 일

面 欣樂瞻仰 於二世尊 是
면　흔 락 첨 앙　어 이 세 존　시

諸菩薩摩訶薩 從初涌出 以
제 보 살 마 하 살　종 초 용 출　이

諸菩薩 種種讚法 而讚於佛
제 보 살　종 종 찬 법　이 찬 어 불

如是時間 經五十小劫 是時
여 시 시 간　경 오 십 소 겁　시 시

釋迦牟尼佛 默然而坐 及
석 가 모 니 불　묵 연 이 좌　급

諸四衆 亦皆默然 五十小
제 사 중　역 개 묵 연　오 십 소

劫 佛神力故 令諸大衆 謂
겁　불 신 력 고　영 제 대 중　위

如半日 爾時 四衆 亦以佛
여 반 일　이 시　사 중　역 이 불

神力故 見諸菩薩 遍滿無量
신 력 고　견 제 보 살　변 만 무 량

百千萬億 國土虛空 是菩薩
백 천 만 억　국 토 허 공　시 보 살

衆中 有四導師 一名上行
중 중　유 사 도 사　일 명 상 행

二名無邊行 三名淨行 四名
이 명 무 변 행　삼 명 정 행　사 명

安立行 是四菩薩 於其衆中
안 립 행　시 사 보 살　어 기 중 중

最爲上首 唱導之師 在大衆
최 위 상 수　창 도 지 사　재 대 중

前 各共合掌 觀釋迦牟尼佛
전　각 공 합 장　관 석 가 모 니 불

而問訊言 世尊 少病少惱
이 문 신 언 세 존 소 병 소 뇌

安樂行不 所應度者 受教易
안 락 행 부 소 응 도 자 수 교 이

不 不令世尊 生疲勞耶 爾
부 불 령 세 존 생 피 로 야 이

時 四大菩薩 而說偈言
시 사 대 보 살 이 설 게 언

世尊安樂 少病少惱
세 존 안 락 소 병 소 뇌

教化衆生 得無疲惓
교 화 중 생 득 무 피 권

又諸衆生 受化易不
우 제 중 생 수 화 이 부

不令世尊 生疲勞耶
불 령 세 존 생 피 로 야

爾時 世尊 於菩薩大衆中
이 시 세 존 어 보 살 대 중 중

而作是言 如是如是 諸善男
이 작 시 언 여 시 여 시 제 선 남

子 如來安樂 少病少惱 諸
자 여래안락 소병소뇌 제

衆生等 易可化度 無有疲勞
중생등 이가화도 무유피로

所以者何 是諸衆生 世世已
소이자하 시제중생 세세이

來 常受我化 亦於過去諸佛
래 상수아화 역어과거제불

恭敬尊重 種諸善根 此諸衆
공경존중 종제선근 차제중

生 始見我身 聞我所說 即
생 시견아신 문아소설 즉

皆信受 入如來慧 除先修習
개신수 입여래혜 제선수습

學小乘者 如是之人 我今亦
학소승자 여시지인 아금역

令 得聞是經 入於佛慧 爾
령 득문시경 입어불혜 이

時 諸大菩薩 而說偈言
시 제대보살 이설게언

善哉善哉 大雄世尊
선 재 선 재　대 웅 세 존

諸衆生等 易可化度
제 중 생 등　이 가 화 도

能問諸佛 甚深智慧
능 문 제 불　심 심 지 혜

聞已信行 我等隨喜
문 이 신 행　아 등 수 희

於時世尊 讚歎上首 諸大菩
어 시 세 존　찬 탄 상 수　제 대 보

薩 善哉善哉 善男子 汝等
살　선 재 선 재　선 남 자　여 등

能於如來 發隨喜心 爾時
능 어 여 래　발 수 희 심　이 시

彌勒菩薩 及八千恒河沙 諸
미 륵 보 살　급 팔 천 항 하 사　제

菩薩衆 皆作是念 我等 從
보 살 중　개 작 시 념　아 등　종

昔已來 不見不聞 如是大菩
석 이 래　불 견 불 문　여 시 대 보

薩摩訶薩衆 從地涌出 住
살 마 하 살 중 종 지 용 출 주

世尊前 合掌供養 問訊如來
세 존 전 합 장 공 양 문 신 여 래

時 彌勒菩薩摩訶薩 知八千
시 미 륵 보 살 마 하 살 지 팔 천

恒河沙 諸菩薩等 心之所念
항 하 사 제 보 살 등 심 지 소 념

幷欲自決所疑 合掌向佛 以
병 욕 자 결 소 의 합 장 향 불 이

偈問曰
게 문 왈

無量千萬億 大衆諸菩薩
무 량 천 만 억 대 중 제 보 살

昔所未曾見 願兩足尊說
석 소 미 증 견 원 양 족 존 설

是從何所來 以何因緣集
시 종 하 소 래 이 하 인 연 집

巨身大神通 智慧叵思議
거 신 대 신 통 지 혜 파 사 의

其志念堅固 有大忍辱力
기 지 념 견 고　유 대 인 욕 력

衆生所樂見 爲從何所來
중 생 소 락 견　위 종 하 소 래

一一諸菩薩 所將諸眷屬
일 일 제 보 살　소 장 제 권 속

其數無有量 如恒河沙等
기 수 무 유 량　여 항 하 사 등

或有大菩薩 將六萬恒沙
혹 유 대 보 살　장 육 만 항 사

如是諸大衆 一心求佛道
여 시 제 대 중　일 심 구 불 도

是諸大師等 六萬恒河沙
시 제 대 사 등　육 만 항 하 사

俱來供養佛 及護持是經
구 래 공 양 불　급 호 지 시 경

將五萬恒沙 其數過於是
장 오 만 항 사　기 수 과 어 시

四萬及三萬 二萬至一萬
사 만 급 삼 만　이 만 지 일 만

一千一百等 乃至一恒沙
일 천 일 백 등　내 지 일 항 사

半及三四分 億萬分之一
반 급 삼 사 분　억 만 분 지 일

千萬那由他 萬億諸弟子
천 만 나 유 타　만 억 제 제 자

乃至於半億 其數復過上
내 지 어 반 억　기 수 부 과 상

百萬至一萬 一千及一百
백 만 지 일 만　일 천 급 일 백

五十與一十 乃至三二一
오 십 여 일 십　내 지 삼 이 일

單己無眷屬 樂於獨處者
단 기 무 권 속　낙 어 독 처 자

俱來至佛所 其數轉過上
구 래 지 불 소　기 수 전 과 상

如是諸大衆 若人行籌數
여 시 제 대 중　약 인 행 주 수

過於恒沙劫 猶不能盡知
과 어 항 사 겁　유 불 능 진 지

是諸大威德　精進菩薩衆
시 제 대 위 덕　정 진 보 살 중

誰爲其說法　教化而成就
수 위 기 설 법　교 화 이 성 취

從誰初發心　稱揚何佛法
종 수 초 발 심　칭 양 하 불 법

受持行誰經　修習何佛道
수 지 행 수 경　수 습 하 불 도

如是諸菩薩　神通大智力
여 시 제 보 살　신 통 대 지 력

四方地震裂　皆從中涌出
사 방 지 진 열　개 종 중 용 출

世尊我昔來　未曾見是事
세 존 아 석 래　미 증 견 시 사

願說其所從　國土之名號
원 설 기 소 종　국 토 지 명 호

我常遊諸國　未曾見是衆
아 상 유 제 국　미 증 견 시 중

我於此衆中　乃不識一人
아 어 차 중 중　내 불 식 일 인

忽然從地出 願說其因緣
홀 연 종 지 출　원 설 기 인 연

今此之大會 無量百千億
금 차 지 대 회　무 량 백 천 억

是諸菩薩等 皆欲知此事
시 제 보 살 등　개 욕 지 차 사

是諸菩薩衆 本末之因緣
시 제 보 살 중　본 말 지 인 연

無量德世尊 唯願決衆疑
무 량 덕 세 존　유 원 결 중 의

爾時 釋迦牟尼 分身諸佛
이 시　석 가 모 니　분 신 제 불

從無量千萬億 他方國土來
종 무 량 천 만 억　타 방 국 토 래

者 在於八方 諸寶樹下 師
자　재 어 팔 방　제 보 수 하　사

子座上 結跏趺坐 其佛侍者
자 좌 상　결 가 부 좌　기 불 시 자

各各見是 菩薩大衆 於三千
각 각 견 시　보 살 대 중　어 삼 천

大千世界四方 從地涌出 住
대 천 세 계 사 방　종 지 용 출　주

於虛空 各白其佛言 世尊
어 허 공　각 백 기 불 언　세 존

此諸無量無邊 阿僧祇 菩
차 제 무 량 무 변　아 승 기　보

薩大衆 從何所來 爾時 諸
살 대 중　종 하 소 래　이 시　제

佛 各告侍者 諸善男子 且
불　각 고 시 자　제 선 남 자　차

待須臾 有菩薩摩訶薩 名曰
대 수 유　유 보 살 마 하 살　명 왈

彌勒 釋迦牟尼佛之所授記
미 륵　석 가 모 니 불 지 소 수 기

次後作佛 以問斯事 佛今答
차 후 작 불　이 문 사 사　불 금 답

之 汝等自當 因是得聞 爾
지　여 등 자 당　인 시 득 문　이

時 釋迦牟尼佛 告彌勒菩薩
시　석 가 모 니 불　고 미 륵 보 살

善哉善哉 阿逸多 乃能問佛
선 재 선 재　아 일 다　내 능 문 불

如是大事 汝等 當共一心
여 시 대 사　여 등　당 공 일 심

被精進鎧 發堅固意 如來今
피 정 진 개　발 견 고 의　여 래 금

欲 顯發宣示 諸佛智慧 諸
욕　현 발 선 시　제 불 지 혜　제

佛自在神通之力 諸佛師子
불 자 재 신 통 지 력　제 불 사 자

奮迅之力 諸佛威猛大勢之
분 신 지 력　제 불 위 맹 대 세 지

力 爾時 世尊 欲重宣此義
력　이 시　세 존　욕 중 선 차 의

而說偈言
이 설 게 언

當精進一心 我欲說此事
당 정 진 일 심　아 욕 설 차 사

勿得有疑悔 佛智叵思議
물 득 유 의 회　불 지 파 사 의

汝今出信力 住於忍善中
여 금 출 신 력　주 어 인 선 중

昔所未聞法 今皆當得聞
석 소 미 문 법　금 개 당 득 문

我今安慰汝 勿得懷疑懼
아 금 안 위 여　물 득 회 의 구

佛無不實語 智慧不可量
불 무 부 실 어　지 혜 불 가 량

所得第一法 甚深叵分別
소 득 제 일 법　심 심 파 분 별

如是今當說 汝等一心聽
여 시 금 당 설　여 등 일 심 청

爾時 世尊 說此偈已 告彌
이 시 세 존 설 차 게 이 고 미

勒菩薩 我今於此大衆 宣告
륵 보 살 아 금 어 차 대 중 선 고

汝等 阿逸多 是諸大菩薩摩
여 등 아 일 다 시 제 대 보 살 마

訶薩 無量無數 阿僧祇 從
하 살 무 량 무 수 아 승 기 종

地涌出 汝等 昔所未見者
지 용 출 여 등 석 소 미 견 자
我於是娑婆世界 得阿耨多
아 어 시 사 바 세 계 득 아 뇩 다
羅三藐三菩提已 教化示導
라 삼 먁 삼 보 리 이 교 화 시 도
是諸菩薩 調伏其心 令發道
시 제 보 살 조 복 기 심 영 발 도
意 此諸菩薩 皆於是娑婆
의 차 제 보 살 개 어 시 사 바
世界之下 此界虛空中住 於
세 계 지 하 차 계 허 공 중 주 어
諸經典 讀誦通利 思惟分別
제 경 전 독 송 통 리 사 유 분 별
正憶念 阿逸多 是諸善男子
정 억 념 아 일 다 시 제 선 남 자
等 不樂在眾 多有所說 常
등 불 락 재 중 다 유 소 설 상
樂靜處 勤行精進 未曾休息
락 정 처 근 행 정 진 미 증 휴 식

亦不依止 人天而住 常樂深
역 불 의 지 인 천 이 주 상 락 심

智 無有障礙 亦常樂於 諸
지 무 유 장 애 역 상 락 어 제

佛之法 一心精進 求無上慧
불 지 법 일 심 정 진 구 무 상 혜

爾時 世尊 欲重宣此義 而
이 시 세 존 욕 중 선 차 의 이

說偈言
설 게 언

阿逸汝當知 是諸大菩薩
아 일 여 당 지 시 제 대 보 살

從無數劫來 修習佛智慧
종 무 수 겁 래 수 습 불 지 혜

悉是我所化 令發大道心
실 시 아 소 화 영 발 대 도 심

此等是我子 依止是世界
차 등 시 아 자 의 지 시 세 계

常行頭陀事 志樂於靜處
상 행 두 타 사 지 락 어 정 처

捨	大	衆	憒	鬧	不	樂	多	所	說
사	대	중	궤	뇨	불	락	다	소	설

如	是	諸	子	等	學	習	我	道	法
여	시	제	자	등	학	습	아	도	법

晝	夜	常	精	進	爲	求	佛	道	故
주	야	상	정	진	위	구	불	도	고

在	娑	婆	世	界	下	方	空	中	住
재	사	바	세	계	하	방	공	중	주

志	念	力	堅	固	常	勤	求	智	慧
지	념	력	견	고	상	근	구	지	혜

說	種	種	妙	法	其	心	無	所	畏
설	종	종	묘	법	기	심	무	소	외

我	於	伽	耶	城	菩	提	樹	下	坐
아	어	가	야	성	보	리	수	하	좌

得	成	最	正	覺	轉	無	上	法	輪
득	성	최	정	각	전	무	상	법	륜

爾	乃	敎	化	之	令	初	發	道	心
이	내	교	화	지	영	초	발	도	심

今	皆	住	不	退	悉	當	得	成	佛
금	개	주	불	퇴	실	당	득	성	불

我今說實語 汝等一心信
아 금 설 실 어　여 등 일 심 신

我從久遠來 教化是等衆
아 종 구 원 래　교 화 시 등 중

爾時 彌勒菩薩摩訶薩 及無
이 시　미 륵 보 살 마 하 살　급 무

數諸菩薩等 心生疑惑 怪未
수 제 보 살 등　심 생 의 혹　괴 미

曾有 而作是念 云何世尊
증 유　이 작 시 념　운 하 세 존

於少時間 教化如是 無量無
어 소 시 간　교 화 여 시　무 량 무

邊阿僧祇 諸大菩薩 令住阿
변 아 승 기　제 대 보 살　영 주 아

耨多羅三藐三菩提 即白佛
녹 다 라 삼 먁 삼 보 리　즉 백 불

言 世尊 如來爲太子時 出
언　세 존　여 래 위 태 자 시　출

於釋宮 去伽耶城不遠 坐於
어 석 궁　거 가 야 성 불 원　좌 어

道場 得成阿耨多羅三藐三
도 량 득 성 아 녹 다 라 삼 먁 삼

菩提 從是已來 始過四十餘
보 리 종 시 이 래 시 과 사 십 여

年 世尊 云何於此少時 大
년 세 존 운 하 어 차 소 시 대

作佛事 以佛勢力 以佛功德
작 불 사 이 불 세 력 이 불 공 덕

教化如是 無量大菩薩衆 當
교 화 여 시 무 량 대 보 살 중 당

成阿耨多羅三藐三菩提 世
성 아 녹 다 라 삼 먁 삼 보 리 세

尊 此大菩薩衆 假使有人
존 차 대 보 살 중 가 사 유 인

於千萬億劫 數不能盡 不
어 천 만 억 겁 수 불 능 진 부

得其邊 斯等 久遠已來 於
득 기 변 사 등 구 원 이 래 어

無量無邊 諸佛所 植諸善根
무 량 무 변 제 불 소 식 제 선 근

成就菩薩道　常修梵行　世尊
성 취 보 살 도　상 수 범 행　세 존

如此之事　世所難信　譬如有
여 차 지 사　세 소 난 신　비 여 유

人　色美髮黑　年二十五　指
인　색 미 발 흑　연 이 십 오　지

百歲人　言是我子　其百歲人
백 세 인　언 시 아 자　기 백 세 인

亦指年少　言是我父　生育我
역 지 년 소　언 시 아 부　생 육 아

等　是事難信　佛亦如是　得
등　시 사 난 신　불 역 여 시　득

道已來　其實未久　而此大衆
도 이 래　기 실 미 구　이 차 대 중

諸菩薩等　已於無量千萬億
제 보 살 등　이 어 무 량 천 만 억

劫　爲佛道故　勤行精進　善
겁　위 불 도 고　근 행 정 진　선

入出住　無量百千萬億三昧
입 출 주　무 량 백 천 만 억 삼 매

得大神通 久修梵行 善能次
득 대 신 통　구 수 범 행　선 능 차

第 習諸善法 巧於問答 人
제　습 제 선 법　교 어 문 답　인

中之寶 一切世間 甚爲希有
중 지 보　일 체 세 간　심 위 희 유

今日世尊 方云 得佛道時
금 일 세 존　방 운　득 불 도 시

初令發心 敎化示導 令向阿
초 령 발 심　교 화 시 도　영 향 아

耨多羅三藐三菩提 世尊 得
녹 다 라 삼 먁 삼 보 리　세 존　득

佛未久 乃能作此 大功德事
불 미 구　내 능 작 차　대 공 덕 사

我等 雖復信佛 隨宜所說
아 등　수 부 신 불　수 의 소 설

佛所出言 未曾虛妄 佛所知
불 소 출 언　미 증 허 망　불 소 지

者 皆悉通達 然諸新發意
자　개 실 통 달　연　제 신 발 의

菩薩 於佛滅後 若聞是語
보 살 어불멸후 약문시어

或不信受 而起破法 罪業因
혹불신수 이기파법 죄업인

緣 唯然世尊 願爲解說 除
연 유연세존 원위해설 제

我等疑 及未來世 諸善男子
아등의 급미래세 제선남자

聞此事已 亦不生疑 爾時
문차사이 역불생의 이시

彌勒菩薩 欲重宣此義 而說
미륵보살 욕중선차의 이설

偈言
게언

佛昔從釋種 出家近伽耶
불석종석종 출가근가야

坐於菩提樹 爾來尚未久
좌어보리수 이래상미구

此諸佛子等 其數不可量
차제불자등 기수불가량

久已行佛道　住於神通力
구 이 행 불 도　주 어 신 통 력

善學菩薩道　不染世間法
선 학 보 살 도　불 염 세 간 법

如蓮華在水　從地而涌出
여 연 화 재 수　종 지 이 용 출

皆起恭敬心　住於世尊前
개 기 공 경 심　주 어 세 존 전

是事難思議　云何而可信
시 사 난 사 의　운 하 이 가 신

佛得道甚近　所成就甚多
불 득 도 심 근　소 성 취 심 다

願爲除衆疑　如實分別說
원 위 제 중 의　여 실 분 별 설

譬如少壯人　年始二十五
비 여 소 장 인　연 시 이 십 오

示人百歲子　髮白而面皺
시 인 백 세 자　발 백 이 면 추

是等我所生　子亦說是父
시 등 아 소 생　자 역 설 시 부

父少而子老	擧世所不信
부소이자로	거세소불신
世尊亦如是	得道來甚近
세존역여시	득도래심근
是諸菩薩等	志固無怯弱
시제보살등	지고무겁약
從無量劫來	而行菩薩道
종무량겁래	이행보살도
巧於難問答	其心無所畏
교어난문답	기심무소외
忍辱心決定	端正有威德
인욕심결정	단정유위덕
十方佛所讚	善能分別說
시방불소찬	선능분별설
不樂在人衆	常好在禪定
불락재인중	상호재선정
爲求佛道故	於下空中住
위구불도고	어하공중주
我等從佛聞	於此事無疑
아등종불문	어차사무의

願佛爲未來 演說令開解
원 불 위 미 래　연 설 령 개 해

若有於此經 生疑不信者
약 유 어 차 경　생 의 불 신 자

卽當墮惡道 願今爲解說
즉 당 타 악 도　원 금 위 해 설

是無量菩薩 云何於少時
시 무 량 보 살　운 하 어 소 시

敎化令發心 而住不退地
교 화 령 발 심　이 주 불 퇴 지

如來壽量品 第十六
여 래 수 량 품 제 십 육

爾時 佛告諸菩薩 及一切
이 시 불 고 제 보 살 급 일 체
大衆 諸善男子 汝等當信
대 중 제 선 남 자 여 등 당 신
解 如來誠諦之語 復告大
해 여 래 성 제 지 어 부 고 대
衆 汝等當信解 如來誠諦之
중 여 등 당 신 해 여 래 성 제 지
語 又復告諸大衆 汝等當信
어 우 부 고 제 대 중 여 등 당 신
解 如來誠諦之語 是時 菩
해 여 래 성 제 지 어 시 시 보
薩大衆 彌勒爲首 合掌白佛
살 대 중 미 륵 위 수 합 장 백 불

言 世尊 唯願說之 我等 當
언 세존 유원설지 아등 당

信受佛語 如是三白已 復
신 수불어 여시삼백이 부

言 唯願說之 我等 當信受
언 유원설지 아등 당신수

佛語 爾時 世尊 知諸菩薩
불어 이시 세존 지제보살

三請不止 而告之言 汝等諦
삼청부지 이고지언 여등제

聽 如來秘密 神通之力 一
청 여래비밀 신통지력 일

切世間 天人及阿修羅 皆謂
체세간 천인급아수라 개위

今 釋迦牟尼佛 出釋氏宮
금 석가모니불 출석씨궁

去伽耶城不遠 坐於道場 得
거 가야성불원 좌어도량 득

阿耨多羅三藐三菩提 然善
아 녹다라삼먁삼보리 연선

제16 여래수량품 69

男子 我實成佛已來 無量無
남 자 아실성불이래 무량무

邊 百千萬億 那由他劫 譬
변 백천만억 나유타겁 비

如五百千萬億 那由他 阿僧
여 오백천만억 나유타 아승

祇 三千大千世界 假使有人
기 삼천대천세계 가사유인

抹爲微塵 過於東方 五百千
말위미진 과어동방 오백천

萬億 那由他 阿僧祇國 乃
만 억 나유타 아승기국 내

下一塵 如是東行 盡是微塵
하 일 진 여시동행 진시미진

諸善男子 於意云何 是諸世
제선남자 어의운하 시제세

界 可得思惟校計 知其數不
계 가득사유교계 지기수부

彌勒菩薩等 俱白佛言 世
미륵보살등 구백불언 세

尊 是諸世界 無量無邊 非
존　시 제 세 계　무 량 무 변　비

算數所知 亦非心力所及 一
산 수 소 지　역 비 심 력 소 급　일

切聲聞辟支佛 以無漏智 不
체 성 문 벽 지 불　이 무 루 지　불

能思惟 知其限數 我等 住
능 사 유　지 기 한 수　아 등　주

阿惟越致地 於是事中 亦所
아 유 월 치 지　어 시 사 중　역 소

不達 世尊 如是諸世界 無
부 달　세 존　여 시 제 세 계　무

量無邊 爾時 佛告大菩薩衆
량 무 변　이 시　불 고 대 보 살 중

諸善男子 今當分明 宣語汝
제 선 남 자　금 당 분 명　선 어 여

等 是諸世界 若著微塵 及
등　시 제 세 계　약 착 미 진　급

不著者 盡以爲塵 一塵一劫
불 착 자　진 이 위 진　일 진 일 겁

我成佛已來 復過於此 百千
아 성 불 이 래 부 과 어 차 백 천

萬億 那由他 阿僧祇劫 自
만 억 나 유 타 아 승 기 겁 자

從是來 我常在此 娑婆世界
종 시 래 아 상 재 차 사 바 세 계

說法教化 亦於餘處 百千萬
설 법 교 화 역 어 여 처 백 천 만

億 那由他 阿僧祇國 導利
억 나 유 타 아 승 기 국 도 리

衆生 諸善男子 於是中間
중 생 제 선 남 자 어 시 중 간

我說燃燈佛等 又復言其 入
아 설 연 등 불 등 우 부 언 기 입

於涅槃 如是 皆以方便分別
어 열 반 여 시 개 이 방 편 분 별

諸善男子 若有衆生 來至我
제 선 남 자 약 유 중 생 내 지 아

所 我以佛眼 觀其信等 諸
소 아 이 불 안 관 기 신 등 제

根利鈍 隨所應度 處處自說
근이둔 수소응도 처처자설
名字不同 年紀大小 亦復現
명자부동 연기대소 역부현
言 當入涅槃 又以種種方便
언 당입열반 우이종종방편
說微妙法 能令衆生 發歡喜
설미묘법 능령중생 발환희
心 諸善男子 如來 見諸衆
심 제선남자 여래 견제중
生 樂於小法 德薄垢重者
생 낙어소법 덕박구중자
爲是人說 我少出家 得阿耨
위시인설 아소출가 득아뇩
多羅三藐三菩提 然我實成
다라삼먁삼보리 연아실성
佛已來 久遠若斯 但以方便
불이래 구원약사 단이방편
敎化衆生 令入佛道 作如是
교화중생 영입불도 작여시

說　諸善男子　如來所演經典
설　제선남자　여래소연경전

皆爲度脫衆生　或說己身　或
개 위 도 탈 중 생　혹 설 기 신　혹

說他身　或示己身　或示他身
설 타 신　혹 시 기 신　혹 시 타 신

或示己事　或示他事　諸所言
혹 시 기 사　혹 시 타 사　제 소 언

說　皆實不虛　所以者何　如
설　개 실 불 허　소 이 자 하　여

來　如實知見　三界之相　無
래　여 실 지 견　삼 계 지 상　무

有生死　若退若出　亦無在世
유 생 사　약 퇴 약 출　역 무 재 세

及滅度者　非實非虛　非如非
급 멸 도 자　비 실 비 허　비 여 비

異　不如三界　見於三界　如
이　불 여 삼 계　견 어 삼 계　여

斯之事　如來明見　無有錯謬
사 지 사　여 래 명 견　무 유 착 류

以諸眾生 有種種性 種種欲
이 제 중 생　유 종 종 성　종 종 욕

種種行 種種憶想分別故 欲
종 종 행　종 종 억 상 분 별 고　욕

令生諸善根 以若干因緣 譬
령 생 제 선 근　이 약 간 인 연　비

喻言辭 種種說法 所作佛
유 언 사　종 종 설 법　소 작 불

事 未曾暫廢 如是 我成佛
사　미 증 잠 폐　여 시　아 성 불

已來 甚大久遠 壽命無量
이 래　심 대 구 원　수 명 무 량

阿僧祇劫 常住不滅 諸善男
아 승 기 겁　상 주 불 멸　제 선 남

子 我本行菩薩道 所成壽命
자　아 본 행 보 살 도　소 성 수 명

今猶未盡 復倍上數 然 今
금 유 미 진　부 배 상 수　연　금

非實滅度 而便唱言 當取滅
비 실 멸 도　이 변 창 언　당 취 멸

度 如來 以是方便 敎化衆
도 여래 이시방편 교화중

生 所以者何 若佛久住於世
생 소이자하 약불구주어세

薄德之人 不種善根 貧窮下
박덕지인 부종선근 빈궁하

賤 貪著五欲 入於憶想妄見
천 탐착오욕 입어억상망견

網中 若見如來 常在不滅
망중 약견여래 상재불멸

便起憍恣 而懷厭怠 不能生
변기교자 이회염태 불능생

難遭之想 恭敬之心 是故如
난조지상 공경지심 시고여

來 以方便說 比丘當知 諸
래 이방편설 비구당지 제

佛出世 難可值遇 所以者何
불출세 난가치우 소이자하

諸薄德人 過無量百千萬億
제박덕인 과무량백천만억

劫 或有見佛 或不見者 以
겁 혹유견불 혹불견자 이

此事故 我作是言 諸比丘
차사고 아작시언 제비구

如來難可得見 斯衆生等 聞
여래난가득견 사중생등 문

如是語 必當生於 難遭之想
여시어 필당생어 난조지상

心懷戀慕 渴仰於佛 便種善
심회연모 갈앙어불 변종선

根 是故如來 雖不實滅 而
근 시고여래 수불실멸 이

言滅度 又善男子 諸佛如來
언멸도 우선남자 제불여래

法皆如是 爲度衆生 皆實不
법개여시 위도중생 개실불

虛 譬如良醫 智慧聰達 明
허 비여양의 지혜총달 명

練方藥 善治衆病 其人 多
련방약 선치중병 기인 다

諸子息 若十二十 乃至百數
제 자 식　약 십 이 십　내 지 백 수

以有事緣 遠至餘國 諸子於
이 유 사 연　원 지 여 국　제 자 어

後 飮他毒藥 藥發悶亂 宛
후　음 타 독 약　약 발 민 란　완

轉于地 是時其父 還來歸家
전 우 지　시 시 기 부　환 래 귀 가

諸子飮毒 或失本心 或不失
제 자 음 독　혹 실 본 심　혹 불 실

者 遙見其父 皆大歡喜 拜
자　요 견 기 부　개 대 환 희　배

跪問訊 善安隱歸 我等愚癡
궤 문 신　선 안 은 귀　아 등 우 치

誤服毒藥 願見救療 更賜壽
오 복 독 약　원 견 구 료　갱 사 수

命 父見子等 苦惱如是 依
명　부 견 자 등　고 뇌 여 시　의

諸經方 求好藥草 色香美味
제 경 방　구 호 약 초　색 향 미 미

皆悉具足 擣篩和合 與子令
개 실 구 족　도 사 화 합　여 자 영

服 而作是言 此大良藥 色
복　이 작 시 언　차 대 양 약　색

香美味 皆悉具足 汝等可服
향 미 미　개 실 구 족　여 등 가 복

速除苦惱 無復衆患 其諸子
속 제 고 뇌　무 부 중 환　기 제 자

中 不失心者 見此良藥 色
중　불 실 심 자　견 차 양 약　색

香俱好 卽便服之 病盡除愈
향 구 호　즉 변 복 지　병 진 제 유

餘失心者 見其父來 雖亦歡
여 실 심 자　견 기 부 래　수 역 환

喜問訊 求索治病 然與其
희 문 신　구 색 치 병　연 여 기

藥 而不肯服 所以者何 毒
약　이 불 긍 복　소 이 자 하　독

氣深入 失本心故 於此好色
기 심 입　실 본 심 고　어 차 호 색

제16 여래수량품

香藥 而謂不美 父作是念
향약 이위불미 부작시념

此子可愍 爲毒所中 心皆顚
차자가민 위독소중 심개전

倒 雖見我喜 求索救療 如
도 수견아희 구색구료 여

是好藥 而不肯服 我今當
시호약 이불긍복 아금당

設方便 令服此藥 卽作是言
설방편 영복차약 즉작시언

汝等當知 我今衰老 死時已
여등당지 아금쇠로 사시이

至 是好良藥 今留在此 汝
지 시호양약 금류재차 여

可取服 勿憂不差 作是敎已
가취복 물우불차 작시교이

復至他國 遣使還告 汝父已
부지타국 견사환고 여부이

死 是時諸子 聞父背喪 心
사 시시제자 문부배상 심

大憂惱 而作是念 若父在者
대우뇌 이작시념 약부재자

慈愍我等 能見救護 今者捨
자민아등 능견구호 금자사

我 遠喪他國 自惟孤露 無
아 원상타국 자유고로 무

復恃怙 常懷悲感 心遂醒悟
부시호 상회비감 심수성오

乃知此藥 色味香美 卽取服
내지차약 색미향미 즉취복

之 毒病皆愈 其父聞子 悉
지 독병개유 기부문자 실

已得差 尋便來歸 咸使見之
이득차 심변래귀 함사견지

諸善男子 於意云何 頗有人
제선남자 어의운하 파유인

能說此良醫 虛妄罪不 不也
능설차양의 허망죄부 불야

世尊 佛言 我亦如是 成佛
세존 불언 아역여시 성불

제16 여래수량품

已來 無量無邊 百千萬億
이래 무량무변 백천만억

那由他 阿僧祇劫 爲衆生故
나유타 아승기겁 위중생고

以方便力 言當滅度 亦無有
이방편력 언당멸도 역무유

能如法說 我虛妄過者 爾時
능여법설 아허망과자 이시

世尊 欲重宣此義 而說偈言
세존 욕중선차의 이설게언

自我得佛來 所經諸劫數
자아득불래 소경제겁수

無量百千萬 億載阿僧祇
무량백천만 억재아승기

常說法敎化 無數億衆生
상설법교화 무수억중생

令入於佛道 爾來無量劫
영입어불도 이래무량겁

爲度衆生故 方便現涅槃
위도중생고 방편현열반

而實不滅度	常住此說法
이 실 불 멸 도	상 주 차 설 법

我常住於此　以諸神通力
아 상 주 어 차　이 제 신 통 력

令顚倒衆生　雖近而不見
영 전 도 중 생　수 근 이 불 견

衆見我滅度　廣供養舍利
중 견 아 멸 도　광 공 양 사 리

咸皆懷戀慕　而生渴仰心
함 개 회 연 모　이 생 갈 앙 심

衆生旣信伏　質直意柔軟
중 생 기 신 복　질 직 의 유 연

一心欲見佛　不自惜身命
일 심 욕 견 불　부 자 석 신 명

時我及衆僧　俱出靈鷲山
시 아 급 중 승　구 출 영 취 산

我時語衆生　常在此不滅
아 시 어 중 생　상 재 차 불 멸

以方便力故　現有滅不滅
이 방 편 력 고　현 유 멸 불 멸

제16 여래수량품

餘國有眾生　恭敬信樂者
여 국 유 중 생　공 경 신 요 자

我復於彼中　爲說無上法
아 부 어 피 중　위 설 무 상 법

汝等不聞此　但謂我滅度
여 등 불 문 차　단 위 아 멸 도

我見諸眾生　沒在於苦惱
아 견 제 중 생　몰 재 어 고 뇌

故不爲現身　令其生渴仰
고 불 위 현 신　영 기 생 갈 앙

因其心戀慕　乃出爲說法
인 기 심 연 모　내 출 위 설 법

神通力如是　於阿僧祇劫
신 통 력 여 시　어 아 승 기 겁

常在靈鷲山　及餘諸住處
상 재 영 취 산　급 여 제 주 처

眾生見劫盡　大火所燒時
중 생 견 겁 진　대 화 소 소 시

我此土安隱　天人常充滿
아 차 토 안 은　천 인 상 충 만

園林諸堂閣 種種寶莊嚴
원 림 제 당 각　종 종 보 장 엄

寶樹多花果 衆生所遊樂
보 수 다 화 과　중 생 소 유 락

諸天擊天鼓 常作衆伎樂
제 천 격 천 고　상 작 중 기 악

雨曼陀羅花 散佛及大衆
우 만 다 라 화　산 불 급 대 중

我淨土不毀 而衆見燒盡
아 정 토 불 훼　이 중 견 소 진

憂怖諸苦惱 如是悉充滿
우 포 제 고 뇌　여 시 실 충 만

是諸罪衆生 以惡業因緣
시 제 죄 중 생　이 악 업 인 연

過阿僧祇劫 不聞三寶名
과 아 승 기 겁　불 문 삼 보 명

諸有修功德 柔和質直者
제 유 수 공 덕　유 화 질 직 자

則皆見我身 在此而說法
즉 개 견 아 신　재 차 이 설 법

或時爲此衆　說佛壽無量
혹 시 위 차 중　설 불 수 무 량
久乃見佛者　爲說佛難値
구 내 견 불 자　위 설 불 난 치
我智力如是　慧光照無量
아 지 력 여 시　혜 광 조 무 량
壽命無數劫　久修業所得
수 명 무 수 겁　구 수 업 소 득
汝等有智者　勿於此生疑
여 등 유 지 자　물 어 차 생 의
當斷令永盡　佛語實不虛
당 단 령 영 진　불 어 실 불 허
如醫善方便　爲治狂子故
여 의 선 방 편　위 치 광 자 고
實在而言死　無能說虛妄
실 재 이 언 사　무 능 설 허 망
我亦爲世父　救諸苦患者
아 역 위 세 부　구 제 고 환 자
爲凡夫顚倒　實在而言滅
위 범 부 전 도　실 재 이 언 멸

以常見我故	而生憍恣心
이 상 견 아 고	이 생 교 자 심

放逸著五欲　墮於惡道中
방 일 착 오 욕　타 어 악 도 중

我常知眾生　行道不行道
아 상 지 중 생　행 도 불 행 도

隨所應可度　爲說種種法
수 소 응 가 도　위 설 종 종 법

每自作是意　以何令眾生
매 자 작 시 의　이 하 령 중 생

得入無上慧　速成就佛身
득 입 무 상 혜　속 성 취 불 신

分別功德品 第十七
분 별 공 덕 품 제 십 칠

爾時 大會 聞佛說 壽命劫
이시 대회 문불설 수명겁
數 長遠如是 無量無邊 阿
수 장원여시 무량무변 아
僧祇衆生 得大饒益 於時世
승기중생 득대요익 어시세
尊 告彌勒菩薩摩訶薩 阿逸
존 고미륵보살마하살 아일
多 我說是 如來壽命長遠時
다 아설시 여래수명장원시
六百八十萬億 那由他 恒河
육백팔십만억 나유타 항하
沙衆生 得無生法忍 復有千
사중생 득무생법인 부유천

倍 菩薩摩訶薩 得聞持陀
배 보 살 마 하 살 득 문 지 다

羅尼門 復有一世界 微塵數
라 니 문 부 유 일 세 계 미 진 수

菩薩摩訶薩 得樂說無礙辯
보 살 마 하 살 득 요 설 무 애 변

才 復有一世界 微塵數 菩
재 부 유 일 세 계 미 진 수 보

薩摩訶薩 得百千萬億無量
살 마 하 살 득 백 천 만 억 무 량

旋陀羅尼 復有三千大千世
선 다 라 니 부 유 삼 천 대 천 세

界 微塵數 菩薩摩訶薩 能
계 미 진 수 보 살 마 하 살 능

轉不退法輪 復有二千中國
전 불 퇴 법 륜 부 유 이 천 중 국

土 微塵數 菩薩摩訶薩 能
토 미 진 수 보 살 마 하 살 능

轉淸淨法輪 復有小千國土
전 청 정 법 륜 부 유 소 천 국 토

微塵數 菩薩摩訶薩 八生當
미 진 수　보 살 마 하 살　팔 생 당

得 阿耨多羅三藐三菩提 復
득　아 녹 다 라 삼 먁 삼 보 리　부

有四四天下 微塵數 菩薩摩
유 사 사 천 하　미 진 수　보 살 마

訶薩 四生當得 阿耨多羅三
하 살　사 생 당 득　아 녹 다 라 삼

藐三菩提 復有三四天下 微
먁 삼 보 리　부 유 삼 사 천 하　미

塵數 菩薩摩訶薩 三生當
진 수　보 살 마 하 살　삼 생 당

得 阿耨多羅三藐三菩提 復
득　아 녹 다 라 삼 먁 삼 보 리　부

有二四天下 微塵數 菩薩摩
유 이 사 천 하　미 진 수　보 살 마

訶薩 二生當得 阿耨多羅三
하 살　이 생 당 득　아 녹 다 라 삼

藐三菩提 復有一四天下 微
먁 삼 보 리　부 유 일 사 천 하　미

塵數 菩薩摩訶薩 一生當
진수 보 살 마 하 살 일 생 당

得 阿耨多羅三藐三菩提 復
득 아 녹 다 라 삼 먁 삼 보 리 부

有八世界 微塵數衆生 皆發
유 팔 세 계 미 진 수 중 생 개 발

阿耨多羅三藐三菩提心 佛
아 녹 다 라 삼 먁 삼 보 리 심 불

說是 諸菩薩摩訶薩 得大法
설 시 제 보 살 마 하 살 득 대 법

利時 於虛空中 雨曼陀羅
리 시 어 허 공 중 우 만 다 라

華 摩訶曼陀羅華 以散無量
화 마 하 만 다 라 화 이 산 무 량

百千萬億 衆寶樹下 師子座
백 천 만 억 중 보 수 하 사 자 좌

上諸佛 幷散七寶塔中 師子
상 제 불 병 산 칠 보 탑 중 사 자

座上 釋迦牟尼佛 及久滅度
좌 상 석 가 모 니 불 급 구 멸 도

多寶如來 亦散一切 諸大菩
다 보 여 래　역 산 일 체　제 대 보

薩 及四部衆 又雨細抹栴檀
살　급 사 부 중　우 우 세 말 전 단

沈水香等 於虛空中 天鼓自
침 수 향 등　어 허 공 중　천 고 자

鳴 妙聲深遠 又雨千種天衣
명　묘 성 심 원　우 우 천 종 천 의

垂諸瓔珞 眞珠瓔珞 摩尼珠
수 제 영 락　진 주 영 락　마 니 주

瓔珞 如意珠瓔珞 遍於九方
영 락　여 의 주 영 락　변 어 구 방

衆寶香爐 燒無價香 自然周
중 보 향 로　소 무 가 향　자 연 주

至 供養大會 一一佛上 有
지　공 양 대 회　일 일 불 상　유

諸菩薩 執持幡蓋 次第而上
제 보 살　집 지 번 개　차 제 이 상

至于梵天 是諸菩薩 以妙音
지 우 범 천　시 제 보 살　이 묘 음

聲 歌 無 量 頌　讚 歎 諸 佛 爾
성 가 무 량 송　찬 탄 제 불 이

時 彌 勒 菩 薩　從 座 而 起 偏
시 미 륵 보 살　종 좌 이 기 편

袒 右 肩　合 掌 向 佛 而 說 偈 言
단 우 견　합 장 향 불 이 설 게 언

佛 說 希 有 法　昔 所 未 曾 聞
불 설 희 유 법　석 소 미 증 문

世 尊 有 大 力　壽 命 不 可 量
세 존 유 대 력　수 명 불 가 량

無 數 諸 佛 子　聞 世 尊 分 別
무 수 제 불 자　문 세 존 분 별

說 得 法 利 者　歡 喜 充 遍 身
설 득 법 리 자　환 희 충 변 신

或 住 不 退 地　或 得 陀 羅 尼
혹 주 불 퇴 지　혹 득 다 라 니

或 無 礙 樂 說　萬 億 旋 總 持
혹 무 애 요 설　만 억 선 총 지

或 有 大 千 界　微 塵 數 菩 薩
혹 유 대 천 계　미 진 수 보 살

各各皆能轉　不退之法輪
각 각 개 능 전　불 퇴 지 법 륜

復有中千界　微塵數菩薩
부 유 중 천 계　미 진 수 보 살

各各皆能轉　清淨之法輪
각 각 개 능 전　청 정 지 법 륜

復有小千界　微塵數菩薩
부 유 소 천 계　미 진 수 보 살

餘各八生在　當得成佛道
여 각 팔 생 재　당 득 성 불 도

復有四三二　如此四天下
부 유 사 삼 이　여 차 사 천 하

微塵諸菩薩　隨數生成佛
미 진 제 보 살　수 수 생 성 불

或一四天下　微塵數菩薩
혹 일 사 천 하　미 진 수 보 살

餘有一生在　當成一切智
여 유 일 생 재　당 성 일 체 지

如是等衆生　聞佛壽長遠
여 시 등 중 생　문 불 수 장 원

得無量無漏 淸淨之果報
득 무 량 무 루　청 정 지 과 보

復有八世界 微塵數眾生
부 유 팔 세 계　미 진 수 중 생

聞佛說壽命 皆發無上心
문 불 설 수 명　개 발 무 상 심

世尊說無量 不可思議法
세 존 설 무 량　불 가 사 의 법

多有所饒益 如虛空無邊
다 유 소 요 익　여 허 공 무 변

雨天曼陀羅 摩訶曼陀羅
우 천 만 다 라　마 하 만 다 라

釋梵如恒沙 無數佛土來
석 범 여 항 사　무 수 불 토 래

雨栴檀沈水 繽紛而亂墜
우 전 단 침 수　빈 분 이 난 추

如鳥飛空下 供散於諸佛
여 조 비 공 하　공 산 어 제 불

天鼓虛空中 自然出妙聲
천 고 허 공 중　자 연 출 묘 성

제17 분별공덕품

天衣千萬種　旋轉而來下
천 의 천 만 종　선 전 이 래 하

衆寶妙香爐　燒無價之香
중 보 묘 향 로　소 무 가 지 향

自然悉周遍　供養諸世尊
자 연 실 주 변　공 양 제 세 존

其大菩薩衆　執七寶幡蓋
기 대 보 살 중　집 칠 보 번 개

高妙萬億種　次第至梵天
고 묘 만 억 종　차 제 지 범 천

一一諸佛前　寶幢懸勝幡
일 일 제 불 전　보 당 현 승 번

亦以千萬偈　歌詠諸如來
역 이 천 만 게　가 영 제 여 래

如是種種事　昔所未曾有
여 시 종 종 사　석 소 미 증 유

聞佛壽無量　一切皆歡喜
문 불 수 무 량　일 체 개 환 희

佛名聞十方　廣饒益衆生
불 명 문 시 방　광 요 익 중 생

一切具善根 以助無上心
일 체 구 선 근　이 조 무 상 심

爾時 佛告彌勒菩薩摩訶薩
이 시　불 고 미 륵 보 살 마 하 살

阿逸多 其有衆生 聞佛壽命
아 일 다　기 유 중 생　문 불 수 명

長遠如是 乃至能生 一念信
장 원 여 시　내 지 능 생　일 념 신

解 所得功德 無有限量 若
해　소 득 공 덕　무 유 한 량　약

有善男子善女人 爲阿耨多
유 선 남 자 선 여 인　위 아 뇩 다

羅三藐三菩提故 於八十萬
라 삼 먁 삼 보 리 고　어 팔 십 만

億 那由他劫 行五波羅蜜
억　나 유 타 겁　행 오 바 라 밀

檀波羅蜜 尸羅波羅蜜 羼提
단 바 라 밀　시 라 바 라 밀　찬 제

波羅蜜 毘梨耶波羅蜜 禪
바 라 밀　비 리 야 바 라 밀　선

제17 분별공덕품

波羅蜜 除般若波羅蜜 以是
바 라 밀 제 반 야 바 라 밀 이 시

功德 比前功德 百分千分
공 덕 비 전 공 덕 백 분 천 분

百千萬億分 不及其一 乃至
백 천 만 억 분 불 급 기 일 내 지

算數譬喻 所不能知 若善男
산 수 비 유 소 불 능 지 약 선 남

子善女人 有如是功德 於阿
자 선 여 인 유 여 시 공 덕 어 아

耨多羅三藐三菩提退者 無
녹 다 라 삼 먁 삼 보 리 퇴 자 무

有是處 爾時 世尊 欲重宣
유 시 처 이 시 세 존 욕 중 선

此義 而說偈言
차 의 이 설 게 언

若人求佛慧 於八十萬億
약 인 구 불 혜 어 팔 십 만 억

那由他劫數 行五波羅蜜
나 유 타 겁 수 행 오 바 라 밀

於是諸劫中	布施供養佛
어 시 제 겁 중	보 시 공 양 불
及緣覺弟子	幷諸菩薩衆
급 연 각 제 자	병 제 보 살 중
珍異之飮食	上服與臥具
진 이 지 음 식	상 복 여 와 구
栴檀立精舍	以園林莊嚴
전 단 립 정 사	이 원 림 장 엄
如是等布施	種種皆微妙
여 시 등 보 시	종 종 개 미 묘
盡此諸劫數	以廻向佛道
진 차 제 겁 수	이 회 향 불 도
若復持禁戒	淸淨無缺漏
약 부 지 금 계	청 정 무 결 루
求於無上道	諸佛之所歎
구 어 무 상 도	제 불 지 소 탄
若復行忍辱	住於調柔地
약 부 행 인 욕	주 어 조 유 지
設衆惡來加	其心不傾動
설 중 악 래 가	기 심 불 경 동

諸有得法者	懷於增上慢
제 유 득 법 자	회 어 증 상 만

為此所輕惱　如是亦能忍
위 차 소 경 뇌　여 시 역 능 인

若復勤精進　志念常堅固
약 부 근 정 진　지 념 상 견 고

於無量億劫　一心不懈息
어 무 량 억 겁　일 심 불 해 식

又於無數劫　住於空閑處
우 어 무 수 겁　주 어 공 한 처

若坐若經行　除睡常攝心
약 좌 약 경 행　제 수 상 섭 심

以是因緣故　能生諸禪定
이 시 인 연 고　능 생 제 선 정

八十億萬劫　安住心不亂
팔 십 억 만 겁　안 주 심 불 란

持此一心福　願求無上道
지 차 일 심 복　원 구 무 상 도

我得一切智　盡諸禪定際
아 득 일 체 지　진 제 선 정 제

是人於百千 萬億劫數中
시 인 어 백 천　만 억 겁 수 중

行此諸功德 如上之所說
행 차 제 공 덕　여 상 지 소 설

有善男女等 聞我說壽命
유 선 남 녀 등　문 아 설 수 명

乃至一念信 其福過於彼
내 지 일 념 신　기 복 과 어 피

若人悉無有 一切諸疑悔
약 인 실 무 유　일 체 제 의 회

深心須臾信 其福爲如此
심 심 수 유 신　기 복 위 여 차

其有諸菩薩 無量劫行道
기 유 제 보 살　무 량 겁 행 도

聞我說壽命 是則能信受
문 아 설 수 명　시 즉 능 신 수

如是諸人等 頂受此經典
여 시 제 인 등　정 수 차 경 전

願我於未來 長壽度衆生
원 아 어 미 래　장 수 도 중 생

如今日世尊 諸釋中之王
여 금 일 세 존　제 석 중 지 왕

道場師子吼 說法無所畏
도 량 사 자 후　설 법 무 소 외

我等未來世 一切所尊敬
아 등 미 래 세　일 체 소 존 경

坐於道場時 說壽亦如是
좌 어 도 량 시　설 수 역 여 시

若有深心者 淸淨而質直
약 유 심 심 자　청 정 이 질 직

多聞能總持 隨義解佛語
다 문 능 총 지　수 의 해 불 어

如是諸人等 於此無有疑
여 시 제 인 등　어 차 무 유 의

又阿逸多 若有聞佛 壽命長
우 아 일 다　약 유 문 불　수 명 장

遠 解其言趣 是人 所得功
원　해 기 언 취　시 인　소 득 공

德 無有限量 能起如來 無
덕　무 유 한 량　능 기 여 래　무

上之慧 何況廣聞是經 若教
상 지혜 하 황 광 문 시 경 약 교

人聞 若自持 若教人持 若
인 문 약 자 지 약 교 인 지 약

自書 若教人書 若以華香瓔
자 서 약 교 인 서 약 이 화 향 영

珞 幢幡繒蓋 香油酥燈 供
락 당 번 증 개 향 유 소 등 공

養經卷 是人功德 無量無邊
양 경 권 시 인 공 덕 무 량 무 변

能生一切種智 阿逸多 若善
능 생 일 체 종 지 아 일 다 약 선

男子善女人 聞我說 壽命長
남 자 선 여 인 문 아 설 수 명 장

遠 深心信解 則爲見佛 常
원 심 심 신 해 즉 위 견 불 상

在耆闍崛山 共大菩薩 諸
재 기 사 굴 산 공 대 보 살 제

聲聞衆 圍繞說法 又見此娑
성 문 중 위 요 설 법 우 견 차 사

제17 분별공덕품 103

婆世界 其地琉璃 坦然平正
바 세 계　기 지 유 리　탄 연 평 정

閻浮檀金 以界八道 寶樹行
염 부 단 금　이 계 팔 도　보 수 항

列 諸臺樓觀 皆悉寶成 其
렬　제 대 루 관　개 실 보 성　기

菩薩衆 咸處其中 若有能
보 살 중　함 처 기 중　약 유 능

如是觀者 當知是爲 深信解
여 시 관 자　당 지 시 위　심 신 해

相 又復如來滅後 若聞是經
상　우 부 여 래 멸 후　약 문 시 경

而不毀訾 起隨喜心 當知已
이 불 훼 자　기 수 희 심　당 지 이

爲 深信解相 何況讀誦 受
위　심 신 해 상　하 황 독 송　수

持之者 斯人則爲 頂戴如來
지 지 자　사 인 즉 위　정 대 여 래

阿逸多 是善男子善女人 不
아 일 다　시 선 남 자 선 여 인　불

須爲我 復起塔寺 及作僧坊
수 위 아 부 기 탑 사 급 작 승 방

以四事 供養衆僧 所以者何
이 사 사 공 양 중 승 소 이 자 하

是善男子善女人 受持讀誦
시 선 남 자 선 여 인 수 지 독 송

是經典者 爲已起塔 造立僧
시 경 전 자 위 이 기 탑 조 립 승

坊 供養衆僧 則爲以佛舍利
방 공 양 중 승 즉 위 이 불 사 리

起七寶塔 高廣漸小 至于梵
기 칠 보 탑 고 광 점 소 지 우 범

天 懸諸幡蓋 及衆寶鈴 華
천 현 제 번 개 급 중 보 령 화

香瓔珞 抹香塗香燒香 衆鼓
향 영 락 말 향 도 향 소 향 중 고

伎樂 簫笛箜篌 種種舞戲
기 악 소 적 공 후 종 종 무 희

以妙音聲 歌唄讚頌 則爲於
이 묘 음 성 가 패 찬 송 즉 위 어

無量千萬億劫 作是供養已
무 량 천 만 억 겁　작 시 공 양 이

阿逸多 若我滅後 聞是經典
아 일 다　약 아 멸 후　문 시 경 전

有能受持 若自書 若教人書
유 능 수 지　약 자 서　약 교 인 서

則爲起立僧坊 以赤栴檀 作
즉 위 기 립 승 방　이 적 전 단　작

諸殿堂 三十有二 高八多羅
제 전 당　삼 십 유 이　고 팔 다 라

樹 高廣嚴好 百千比丘 於
수　고 광 엄 호　백 천 비 구　어

其中止 園林浴池 經行禪窟
기 중 지　원 림 욕 지　경 행 선 굴

衣服飲食 床褥湯藥 一切樂
의 복 음 식　상 욕 탕 약　일 체 악

具 充滿其中 如是僧坊 堂
구　충 만 기 중　여 시 승 방　당

閣若干 百千萬億 其數無量
각 약 간　백 천 만 억　기 수 무 량

以此現前 供養於我 及比丘
이 차 현 전　공 양 어 아　급 비 구

僧 是故我說 如來滅後 若
승　시 고 아 설　여 래 멸 후　약

有受持讀誦 爲他人說 若自
유 수 지 독 송　위 타 인 설　약 자

書 若敎人書 供養經卷 不
서　약 교 인 서　공 양 경 권　불

須復起塔寺 及造僧坊 供養
수 부 기 탑 사　급 조 승 방　공 양

衆僧 況復有人 能持是經
중 승　황 부 유 인　능 지 시 경

兼行布施持戒 忍辱精進 一
겸 행 보 시 지 계　인 욕 정 진　일

心智慧 其德最勝 無量無邊
심 지 혜　기 덕 최 승　무 량 무 변

譬如虛空 東西南北 四維上
비 여 허 공　동 서 남 북　사 유 상

下 無量無邊 是人功德 亦
하　무 량 무 변　시 인 공 덕　역

復如是 無量無邊 疾至一切
부여시 무량무변 질지일체
種智 若人 讀誦受持是經
종지 약인 독송수지시경
爲他人說 若自書 若敎人
위타인설 약자서 약교인
書 復能起塔 及造僧坊 供
서 부능기탑 급조승방 공
養讚歎 聲聞衆僧 亦以百千
양찬탄 성문중승 역이백천
萬億 讚歎之法 讚歎菩薩功
만억 찬탄지법 찬탄보살공
德 又爲他人 種種因緣 隨
덕 우위타인 종종인연 수
義解說 此法華經 復能淸淨
의해설 차법화경 부능청정
持戒 與柔和者 而共同止
지계 여유화자 이공동지
忍辱無瞋 志念堅固 常貴坐
인욕무진 지념견고 상귀좌

禪 得諸深定 精進勇猛 攝
선 득 제 심 정 정 진 용 맹 섭

諸善法 利根智慧 善答問難
제 선 법 이 근 지 혜 선 답 문 난

阿逸多 若我滅後 諸善男子
아 일 다 약 아 멸 후 제 선 남 자

善女人 受持讀誦 是經典者
선 여 인 수 지 독 송 시 경 전 자

復有如是 諸善功德 當知是
부 유 여 시 제 선 공 덕 당 지 시

人 已趣道場 近阿耨多羅三
인 이 취 도 량 근 아 녹 다 라 삼

藐三菩提 坐道樹下 阿逸多
먁 삼 보 리 좌 도 수 하 아 일 다

是善男子善女人 若坐若立
시 선 남 자 선 여 인 약 좌 약 립

若行處 此中 便應起塔 一
약 행 처 차 중 변 응 기 탑 일

切天人 皆應供養 如佛之塔
체 천 인 개 응 공 양 여 불 지 탑

爾時 世尊 欲重宣此義 而
이 시 세 존 욕 중 선 차 의 이

說偈言
설 게 언

若我滅度後 能奉持此經
약 아 멸 도 후 능 봉 지 차 경

斯人福無量 如上之所說
사 인 복 무 량 여 상 지 소 설

是則爲具足 一切諸供養
시 즉 위 구 족 일 체 제 공 양

以舍利起塔 七寶而莊嚴
이 사 리 기 탑 칠 보 이 장 엄

表刹甚高廣 漸小至梵天
표 찰 심 고 광 점 소 지 범 천

寶鈴千萬億 風動出妙音
보 령 천 만 억 풍 동 출 묘 음

又於無量劫 而供養此塔
우 어 무 량 겁 이 공 양 차 탑

華香諸瓔珞 天衣衆伎樂
화 향 제 영 락 천 의 중 기 악

燃香油酥燈	周匝常照明
연향유소등	주잡상조명
惡世法末時	能持是經者
악세법말시	능지시경자
則爲已如上	具足諸供養
즉위이여상	구족제공양
若能持此經	則如佛現在
약능지차경	즉여불현재
以牛頭栴檀	起僧坊供養
이우두전단	기승방공양
堂有三十二	高八多羅樹
당유삼십이	고팔다라수
上饌妙衣服	床臥皆具足
상찬묘의복	상와개구족
百千衆住處	園林諸浴池
백천중주처	원림제욕지
經行及禪窟	種種皆嚴好
경행급선굴	종종개엄호
若有信解心	受持讀誦書
약유신해심	수지독송서

若復敎人書　及供養經卷
약 부 교 인 서　급 공 양 경 권
散華香抹香　以須曼瞻蔔
산 화 향 말 향　이 수 만 첨 복
阿提目多伽　薰油常燃之
아 제 목 다 가　훈 유 상 연 지
如是供養者　得無量功德
여 시 공 양 자　득 무 량 공 덕
如虛空無邊　其福亦如是
여 허 공 무 변　기 복 역 여 시
況復持此經　兼布施持戒
황 부 지 차 경　겸 보 시 지 계
忍辱樂禪定　不瞋不惡口
인 욕 락 선 정　부 진 불 악 구
恭敬於塔廟　謙下諸比丘
공 경 어 탑 묘　겸 하 제 비 구
遠離自高心　常思惟智慧
원 리 자 고 심　상 사 유 지 혜
有問難不瞋　隨順爲解說
유 문 난 부 진　수 순 위 해 설

若能行是行 功德不可量
약능행시행 공덕불가량

若見此法師 成就如是德
약견차법사 성취여시덕

應以天華散 天衣覆其身
응이천화산 천의부기신

頭面接足禮 生心如佛想
두면접족례 생심여불상

又應作是念 不久詣道樹
우응작시념 불구예도수

得無漏無爲 廣利諸人天
득무루무위 광리제인천

其所住止處 經行若坐臥
기소주지처 경행약좌와

乃至說一偈 是中應起塔
내지설일게 시중응기탑

莊嚴令妙好 種種以供養
장엄령묘호 종종이공양

佛子住此地 則是佛受用
불자주차지 즉시불수용

常在於其中 經行及坐臥
상 재 어 기 중 경 행 급 좌 와

사경 끝난 날 : 불기   년   월   일

_____ 두손 모음

한문 법화경 사경 5

발행일 2024년 7월 18일
펴낸이 김시열
펴낸곳 도서출판 운주사
　　　　(02832) 서울시 성북구 동소문로 67-1 성심빌딩 3층
　　　　전화 (02) 926-8361 | 팩스 (0505) 115-8361
ISBN 978-89-5746-799-2　03220　값 6,000원
http://cafe.daum.net/unjubooks (다음 카페: 도서출판 운주사)